I0076271

Université de France.

ACADÉMIE DE STRASBOURG.

ACTE PUBLIC

POUR LA LICENCE,

PRÉSENTÉ

A LA FACULTÉ DE DROIT DE STRASBOURG,

ET SOUTENU PUBLIQUEMENT

Le samedi 1ᵉʳ août 1840, à midi,

PAR

CHARLES-ÉMILE CORNEBOIS,

DE MIRECOURT (VOSGES),

BACHELIER ÈS LETTRES ET EN DROIT.

BIBLIOTHÈQUE ROYALE

STRASBOURG,

IMPRIMERIE DE G. SILBERMANN, PLACE SAINT-THOMAS, 3.

1840.

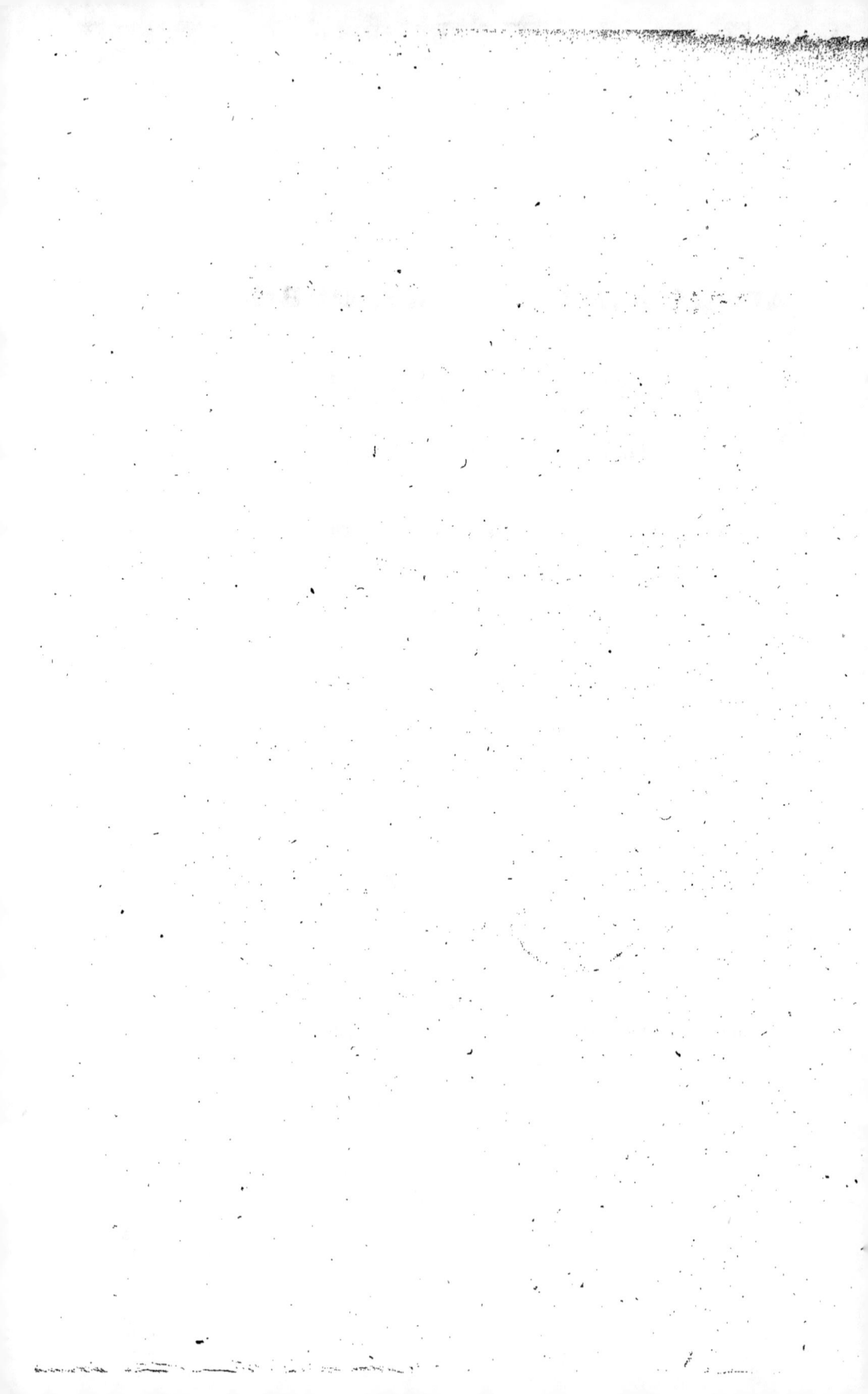

A MON PÈRE ET A MA MÈRE.

E. CORNEBOIS.

FACULTÉ DE DROIT DE STRASBOURG.

M. Rauter, doyen de la Faculté.

Examinateurs. { MM. Heimburger, Président.
Thieriet,
Aubry,
Rau, Professeur suppléant. } Professeurs.

La Faculté n'entend approuver ni désapprouver les opinions particulières au candidat.

CODE CIVIL.

(Liv. 3 , tit. 3 , art. 1217 à 1225)'.

OBLIGATIONS DIVISIBLES ET INDIVISIBLES[1].

CHAPITRE PREMIER.

DES OBLIGATIONS DIVISIBLES ET INDIVISIBLES EN GÉNÉRAL.

L'obligation divisible est celle qui a pour objet une chose divisible. L'obligation indivisible est celle qui a pour objet une chose indivisible. Si l'on veut reconnaître la nature d'une obligation, c'est donc la chose qui en est l'objet qu'il faut considérer.

Une chose est divisible lorsqu'elle est susceptible de parties. Ces parties peuvent être de deux sortes : matérielles ou intellectuelles. De là deux espèces de division ; l'une matérielle, l'autre intellectuelle.

La division matérielle se fait en parties réelles et divisées. Un are de terre, par exemple, est susceptible de cette division. Il faut ce-

---

[1] Autrefois on employait les mots *dividuelles* et *individuelles*, *dividuam* et *individuam*. Ils furent changés parce qu'ils parurent trop scientifiques et qu'ils étaient peu connus.

1

pendant se garder de croire qu'on regarde comme pouvant être ainsi divisé, tout objet dont il est possible de faire des parties. Il est nécessaire que la division s'opère sans dégradation de l'objet ; car il ne s'agit pas ici de la division physique qui consiste *in solutione continuitatis*, mais d'une division civile et propre au commerce des choses.

La division intellectuelle est celle qui s'opère dans la pensée, *quæ solâ intellectu fit*, d'un objet qui, ne pouvant être physiquement divisé en parties réelles sans dégradation, peut néanmoins appartenir à plusieurs personnes par parties indivisées. Dans une succession recueillie par deux héritiers, se trouve un cheval dont ces héritiers deviennent propriétaires chacun pour une moitié indivisée. Ces deux moitiés indivisées ne sont point réelles et subsistent seulement *in jure et intellectu*.

Des choses non susceptibles de la première division peuvent l'être de la seconde, et cela suffit pour rendre l'obligation divisible (art. 1217). Ainsi, est divisible l'obligation de livrer un cheval. Bien qu'un cheval ne soit pas susceptible de parties réelles sans destruction de sa substance, on conçoit facilement qu'il appartienne à plusieurs personnes qui en demeurent propriétaires, chacune pour une portion plus ou moins forte, mais indivisée. En effet de ce qu'une chose soit indivisée, il ne s'ensuit pas que l'obligation elle-même soit indivisible ; il suffit que cette chose puisse être divisée. Cette distinction reçoit d'importantes applications en matière de prescription. Il ne faut donc pas confondre l'indivision avec l'indivisibilité. Ainsi je stipule que je vous payerai cent francs ; cette promesse est indivisée, mais elle est divisible ; à notre mort elle se partagera entre nos successeurs.

De même, la promesse d'une somme d'argent, contractée solidairement, est indivisée ; mais elle n'en est pas moins divisible, et se divisera à la mort de l'un des créanciers ou de l'un des débiteurs, entre leurs héritiers. L'effet de la solidarité est d'empêcher que la prestation ne soit actuellement divisée entre les créanciers et les débiteurs, et non de donner à l'obligation le caractère d'indivisibilité.

L'obligation divisible comprenant tous les objets susceptibles d'une division soit matérielle, soit intellectuelle, l'obligation indivisible ne devrait renfermer que des choses qui ne peuvent être divisées d'aucune façon. Le Code civil toutefois ne s'est pas arrêté là, et il a énoncé certaines circonstances qui, lorsqu'elles se rencontrent, rendent l'obligation indivisible, quoique son objet soit réellement divisible. Aussi avec Dumoulin et Pothier, reconnaît-il trois sortes d'indivisibilité : indivisibilité absolue ou *individuum contractu*, définie par l'art. 1217; indivisibilité d'obligation, *individuum obligatione*, comprise dans l'art. 1218; indivisibilité de payement, *individuum solutione*, dont traite l'art. 1221.

L'obligation est indivisible *contractu*, lorsqu'elle a pour objet une chose qui dans sa livraison, ou un fait qui dans l'exécution, n'est pas susceptible de division, soit matérielle, soit intellectuelle, tellement qu'il n'est pas possible aux contractants de le rendre divisible et de le stipuler par portions. Telle est la promesse de faire un voyage à Paris, de constituer ou de souffrir une servitude réelle.

L'obligation est indivisible *obligatione*, lorsqu'elle comprend certaines choses ou certains faits qui, quoiqu'ils eussent pu être absolument stipulés ou promis par parties, sont néanmoins, dans la manière dont ils ont été considérés par les parties contractantes, quelque chose d'indivisible, et qui ne peut par conséquent être exécuté par parties, sans enfreindre la convention. Telle est l'obligation de construire une maison.

Tout ce qui est indivisible *contractu* l'est aussi *obligatione*, le plus comprenant le moins. L'inverse ne serait pas vrai. En effet, en reprenant mon exemple, je puis convenir avec plusieurs personnes qu'elles m'élèveront chacune un étage ; de plus, le fait passager de la construction est très-divisible, car les pierres, les poutres se posent les unes après les autres. Une pareille obligation n'est donc pas indivisible *contractu*, mais elle l'est ordinairement *obligatione*. Quand j'ai stipulé, avec Paul et Pierre, qu'ils me bâtiraient une maison de deux étages, c'est une maison entière, et non une partie de maison que j'ai entendu qu'on m'élèverait. Si Paul refusait de contribuer à la construction, Pierre ne se libérerait pas à mon égard en élevant un étage. C'est la maison elle-même, et non le fait passager de la construction, qui est l'objet de la promesse. On m'a promis une maison, et elle n'existe pas tant que l'ouvrage entier n'est pas terminé. *Neque enim, nullum balineum, aut theatrum aut stadium fecisse intelligitur, qui ei propriam formam quæ ex consummatione contigit, non dederit.* L. 80, § 1, *D. ad L. F.* 35, 2.

L'obligation de livrer un terrain pour un ouvrage déterminé, *ad certum usum*, est du même genre.

L'indivisibilité de payement, ou *individuum solutione*, ne concerne que le payement et non l'obligation elle-même. Elle suppose que la chose due est divisible matériellement ou intellectuellement, mais ne peut être payée par parties. Elle forme seulement une exception au payement divisé des obligations divisibles. Je me suis engagé à vous donner une somme d'argent afin de vous tirer de prison : un de mes héritiers ne se libérera pas en vous offrant sa part. Vous avez le droit de le poursuivre pour le tout, la somme entière étant nécessaire au but que vous vous êtes proposé d'atteindre. Le payement d'une somme d'argent, comme on le voit, n'est pas toujours divisible.

Les obligations indivisibles *contractu et obligatione* le sont *solutione*. Comme les deux premières n'ont pas les mêmes effets que la dernière, il serait à désirer qu'on pût les distinguer facilement. Cependant, nous verrons bientôt qu'il est extrêmement difficile de trouver une différence entre ce qui est *individuum obligatione* et ce qui est *individuum solutione*.

Malgré l'opinion de plusieurs docteurs, Dumoulin, Pothier, et après eux les rédacteurs du Code ont établi, que ces règles sur la distinction de la divisibilité et de l'indivisibilité des obligations *in dando,* s'appliquent de même aux obligations *in faciendo vel in non faciendo,* c'est-à-dire que ces sortes d'obligations ne sont pas toujours indivisibles. *Stipulationes quædam in dando, quædam in faciendo consistunt, et harum omnium quædam partium præstationem recipiunt.* L. 2, § 1, *D. de V. O.* 45, 1.

Les obligations *in faciendo* sont divisibles ou indivisibles, selon qu'elles ont pour objet un fait qui peut ou non être exécuté par parties. Ainsi est divisible la promesse de vous faire posséder une chose qui peut être possédée par parties, ou de faire un travail susceptible de division, par exemple de cultiver dix ares de terre. Celle de délaisser un immeuble hypothéqué, de bâtir une maison, au contraire, est indivisible.

Il en est de même des obligations *in non faciendo.* Quand ce que je me suis engagé à ne pas faire peut n'être pas fait pour partie seulement, l'obligation est indivisible. Elle est divisible dans le cas contraire. Si j'ai promis de ne pas couper les arbres à vous appartenant, qui gênent ma vue, et que je vous force ensuite à en abattre quelques-uns, je ne remplirai pas ma promesse entièrement ; l'obligation est divisible. Serait encore divisible celle par laquelle je me serais engagé envers un tiers, à ne pas troubler le propriétaire d'un héritage auquel il doit garantie. Si j'avais promis de ne pas aller à Paris, de ne pas troubler un tiers dans l'exercice d'une servitude, j'aurais contracté des obligations indivisibles.

Ces obligations *in faciendo vel in non faciendo* sont d'autant plus divisibles, qu'en cas d'inexécution, elles se convertissent en dommages-intérêts, en une somme d'argent. Sous ce rapport une obligation de faire ou de ne pas faire une chose indivisible par sa nature, devient divisible. L. 72, *princip. D. de V. O.* 45, 1.

Pour juger si une obligation est ou non divisible, il faut considérer la chose ou le fait qui en est l'objet, et non l'utilité ou le détriment qui en résulte pour le créancier ou le débiteur, sans quoi il n'y aurait pas d'obligations indivisibles, l'utilité ou la perte s'évaluant toujours à une somme d'argent. Deux propriétaires s'engagent envers deux autres propriétaires d'une maison voisine, à imposer sur leur héritage une servitude au profit de cette maison : l'obligation est indivisible, puisque la servitude est quelque chose d'indivisible, quoique l'avantage ou le détriment qu'elle fera éprouver aux uns comme aux autres, soit appréciable en argent.

La solidarité soit légale, soit conventionnelle, ne donne pas à l'obligation le caractère d'indivisibilité (art. 1213, 1219) et réciproquement. En effet, si la solidarité et l'indivisibilité produisent quelquefois les mêmes effets, elles diffèrent néanmoins essentiellement l'une de l'autre.

1° L'obligation solidaire se divise entre les héritiers des débiteurs et des créanciers, comme si leur auteur eût été seul engagé ou créancier. Les premiers ne sont tenus de payer, les seconds n'ont droit d'exiger chacun que sa part héréditaire.

Dans l'obligation indivisible, chacun des héritiers du débiteur doit payer le tout, chacun des héritiers du créancier peut demander le tout ; car on ne saurait demander ou payer par parties, ce qu'il est impossible de diviser. *In correis credendi vel debendi, qualitas distributiva seu multiplicativa solidi, personalis est, et non transit in hærede, nec ad hæredes, inter quos active vel passive dividitur; sed qualitas solidi in individuis realis est, quia non personis; ut illa correorum, sed obligationi ipsi et rei debitæ adhæret, et transit ad hæredes, et in singulorum hæredum hæredes singulos in solidum.* Molin, *Tract. div. et ind.*, p. 2, n° 222.

2° Cette nécessité de payer et cette faculté de pouvoir exiger la totalité de la prestation, ne venant que de la qualité de la chose due, si la nature de la prestation vient à changer, se convertit, par exemple, en dommages-intérêts ou en une somme d'argent par novation ou autrement, l'obligation deviendra divisible à l'égard des débiteurs et des créanciers, qui devaient la prestation ou auxquels elle était due, seulement *in solidum.*

Dans l'obligation solidaire, chaque débiteur et chaque créancier est tenu par suite de son fait personnel. La nature de la chose due n'entre pour rien dans la nécessité d'en fournir ou d'en exiger le montant. Si elle se convertit en une prestation divisible, chacun des débiteurs sera dans la nécessité de la payer en totalité. Ils étaient tous débiteurs *totaliter, et singuli solidum debebant : aliud est enim quem teneri ad totum, aliud totaliter*. Molin, p. 3, n° 112. De même chaque créancier sera en droit d'exiger un payement intégral ; il est créancier *totaliter*. Il n'est donc pas indifférent qu'une chose soit due solidairement, ou qu'elle soit indivisible.

3° Dans l'obligation indivisible chaque héritier ou même chaque débiteur originaire, poursuivi pour le total, a droit à un délai afin de mettre en cause ses cohéritiers ou codébiteurs, et de faire diviser la condamnation à moins que la dette ne puisse être acquittée que par lui seul (art. 1225).

Dans l'obligation solidaire, chacun des débiteurs doit le tout ; il n'a pas la faculté de mettre en cause ses codébiteurs, pour faire diviser entre eux la condamnation, mais seulement pour faire statuer sur son recours en garantie (art. 1203).

4° Quand l'obligation est solidaire entre débiteurs, et que le corps certain et déterminé, objet de cette obligation, périt par la faute ou pendant la demeure de l'un ou de plusieurs des codébiteurs, ceux qui ne sont ni en faute, ni en demeure, ne sont point affranchis de la charge d'en payer le prix (art. 1205).

Lorsqu'il y a seulement indivisibilité, la perte du corps certain libère tous les débiteurs qui ne sont ni en retard, ni en demeure.

5° Si l'obligation indivisible est accompagnée d'une clause pénale, la peine n'est encourue contre les héritiers non contrevenants que pour leur part (art. 1232.)

Quand elle est solidaire, les débiteurs sont solidairement tenus de la peine encourue par la contravention d'un seul.

6° Dans l'obligation solidaire entre créanciers, la remise de la dette faite par l'un d'eux, libère le débiteur pour la part de ce créancier (art. 1198), et les autres ne peuvent plus demander la dette que déduction faite de la portion revenant au créancier qui a fait la remise.

Dans l'obligation indivisible, si l'un des créanciers a seul remis la dette, ses cocréanciers peuvent encore demander la chose indivisible, en tenant compte de la portion de celui qui a fait la remise (art. 1224).

7° Quand l'obligation est indivisible, l'interruption de la prescription opérée contre l'un des débiteurs, un de leurs héritiers, ou sa reconnaissance, conserve intégralement les droits du créancier contre tous (art. 2249, al. 2).

Si elle est solidaire, l'interruption opérée à l'égard d'un des débiteurs, de tous les héritiers du débiteur décédé, de son héritier unique, ou sa reconnaissance, conserve les droits du créancier contre tous les autres débiteurs ou leurs héritiers (art. 1206, 2249 *in fine*). Mais l'interpellation faite à l'un des héritiers d'un débiteur, ou sa reconnaissance n'interrompt la prescription à l'égard des autres codébiteurs ou de leurs héritiers, que pour la part dont l'héritier interpellé est tenu (art. 2249, al. 2). Cette part, au reste, prend la place du capital, et reste due solidairement.

8° Lorsqu'il y a indivisibilité, l'interruption de la prescription opérée par un des créanciers ou un de leurs héritiers, et la suspension établie au profit de l'un d'eux, profite à tous les autres.

S'il y a solidarité, l'interruption opérée par un créancier profite aux autres (art. 1199). Il n'en serait pas de même de la suspension. La maxime, *en fait de prescription le mineur relève le majeur, l'incapable le capable,* n'est vrai que dans les matières indivisibles. Elle est fausse dans les matières susceptibles de division. Une pareille obligation pourrait donc être prescrite contre des majeurs, et conservée pour la part d'un mineur, être prescrite contre des présents et conservée pour la part des absents. De même l'interruption venant du fait de l'un des héritiers d'un cocréancier ne conserve pas le droit intégral des autres, mais simplement la part dont il a hérité.

Les auteurs ont vivement attaqué cette doctrine de la divisibilité et de l'indivisibilité, comme obscure et de peu d'utilité. M. Toullier prétend même qu'il n'existe pas d'indivisibilité absolue, et que les servitudes réelles citées seules par Pothier, ne portent pas ce caractère. Je ne partage pas son opinion, et sans m'arrêter aux distinctions faites par quelques auteurs, qui les regardent, les unes comme indivisibles *contractu*, les autres comme indivisibles senlement *obligatione*, je crois qu'il est assez facile de démontrer que l'indivisibilité est un de leurs caractères essentiels.

En général, en fait de prescription, *a persona ad personam non fit interruptio nec activè nec passivè*. Cette règle reçoit plusieurs exceptions : lorsqu'il y a caution, solidarité entre les débiteurs ou les créanciers, indivisibilité, etc. Or, que porte l'art. 709 du Code civil : « Si l'héritage en faveur duquel la servitude est établie, appartient à plusieurs par indivis, la jouissance de l'un empêche la prescription à l'égard de tous. » Il suppose nécessairement qu'une servitude est indivisible, car autrement on ne voit pas comment la jouissance de l'un conserverait le droit des autres. Celui qui a joui, a exercé le droit entier, et par suite on n'en a rien pu distraire. Cet effet de l'interruption ne vient pas, comme on serait tenté de le croire, de l'état d'indivision dans lequel se trouve l'héritage : l'art. 2249 rejette positivement cette interprétation. Jamais l'interruption opérée par un des cohéritiers qui possèdent par indivis, ne profite aux autres; chacun agit dans un intérêt distinct. C'est pourquoi, en commençant ce chapitre, j'ai fait remarquer qu'il fallait bien se garder de confondre l'indivision avec l'indivisibilité.

L'art. 710 du Code civil est conçu en ces termes: « Si parmi les copropriétaires il s'en trouve un contre lequel la prescription n'ait pu courir, il aura conservé le droit de tous les autres. » Déjà j'ai dit, que le mineur ne relevait le majeur, le capable l'incapable que dans les matières indivisibles. Il faut que notre article reconnaisse ce caractère aux servitudes, ou qu'on suppose qu'avec l'art. 709 il déroge aux principes généraux de la prescription, ce qui n'est pas admissible. Et comme les art. 709 et 710 s'appliquent à toute servitude sans distinction, n'est-on pas en droit de conclure que toutes sont indivisibles. Tel est d'ailleurs l'attribut que leur donnait l'orateur du tribunat, M. Albisson, à la séance du 7 pluviôse an XII.

Les servitudes peuvent être, à la vérité, restreintes par la prescription (art. 708 C. civ.). Le principe posé n'en existe pas moins. Un héritage était grevé en faveur du mien, d'une charge de vingt voitures de sable. Pendant trente ans je n'en prends que dix; je perds mon droit primitif, il m'en reste un moins étendu. Doit-on en conclure que la servitude était divisible, puisque ce qui n'a pas de parties ne peut être restreint? Non. En effet, chaque parcelle de l'héritage servant reste grevée envers chaque parcelle du mien, et voilà précisément en quoi consiste l'indivisibilité de la servitude. Cela est tellement vrai, que la perte de mes dix voitures de sable ne m'empêchera pas de prendre les dix autres sur toute la superficie du fonds servant, qu'il soit vendu, divisé, peu m'importe. La prescription de cette prétendue moitié de ma servitude, n'aura affranchi aucune portion du fonds grevé, dont la totalité restera toujours affectée à la prestation des dix voitures de sable qui me restent. Chacun des actes faits pour exercer cette servitude est divisible à la vérité, mais c'est le droit en lui-même et non les actes qu'il faut considérer.

Une fois l'héritage dominant divisé, la servitude reste due pour chaque portion, sans que la condition du fonds servant puisse en être aggravée (art. 700). Voilà encore une conséquence de l'indivisibilité. Chaque propriétaire ayant dans ce cas un droit distinct, puisqu'il s'agit de l'utilité de son héritage, doit le conserver par ses actes, ou le perdre par sa négligence. C'eût été aller trop loin que d'étendre l'effet de la suspension ou de l'interruption de la prescription à un immeuble, sur lequel celui du chef de qui sont produits ces effets n'a aucun droit, aucune espérance même de propriété.

Une servitude réelle ne peut donc s'acquérir, ni se perdre par partie. L. 6, § 1, *D. Comm. præd.*, 8, 4.

Quant à l'inutilité de cette doctrine, je ne saurais non plus partager l'avis de M. Toullier ; mon opinion sera, je crois, suffisamment justifiée par la comparaison des effets produits par la divisibilité et l'indivisibilité.

J'abonde, au contraire, dans son sens, quand il la taxe d'obscurité et qu'il critique cette distinction de l'indivisibilité en trois sortes. En effet, comment distinguer l'indivisibilité d'obligation de l'indivisibilité de payement ? Une obligation *que le rapport sous lequel elle a été considérée* ne rend pas susceptible *d'exécution partielle* (art. 1218), et une obligation exceptée du principe de la division, parce qu'il résulte, soit *de la nature de l'engagement,* soit *de la chose qui en fait l'objet,* soit *de la fin qu'on s'est proposée,* que l'intention des contractants a été *que la dette ne pût s'acquitter partiellement* (art. 1221, n° 5).

Ainsi, l'art. 1218 déclare indivisibles des choses que l'art. 1221, n°ˢ 2 et 5, répute divisibles. Un corps certain est indivisible d'après l'art. 1218 ; lorsqu'on stipule un corps certain, on a certes dans l'esprit qu'il sera livré en entier, et non par parties ; et d'après les n°ˢ 2 et 5, art. 1221, il est divisible. Car l'art. 1221 est placé sous la rubrique des effets *de l'obligation divisible,* et il consacre des exceptions au principe de la divisibilité : or, on ne peut faire exception à un principe que pour des cas qui, sans cette exception, se seraient trouvés régis par ce principe.

La même opposition existe entre les art. 1217 et 1218. Un cheval, d'après l'art. 1217, est divisible, puisqu'il est susceptible de parties intellectuelles ; et d'après l'art. 1218, il est indivisible.

Cette confusion entre les art. 1217, 1218 et 1221, l'objet des reproches que j'aurai plus loin encore occasion d'adresser au système de la divisibilité, jettent beaucoup d'obscurité dans ce sujet, un des plus épineux du Droit.

Les rédacteurs du Code auraient aplani beaucoup de difficultés en déclarant qu'il y a des choses d'une indivisibilité absolue, d'autres d'une divisibilité absolue, et enfin des troisièmes, qui, participant de la nature des deux autres, eussent été formellement exprimées comme exceptions, et régies par des dispositions mixtes. Telle était probablement leur intention ; la lettre de la loi aura trompé leur pensée.

CHAPITRE II.

DE L'OBLIGATION DIVISIBLE.

SECTION PREMIÈRE.

Des effets de l'obligation divisible.

Arrivés à ce paragraphe du Code civil, les rédacteurs avaient à choisir entre deux systèmes opposés. Celui du Droit romain et celui de quelques coutumes telles que celles de Normandie, de l'Artois, d'Amiens. Selon le premier, à la mort des parties contractantes, la dette ou la créance personnelle se divisait de plein droit entre leurs héritiers. D'après le second, chacun des héritiers était créancier ou débiteur solidaire du total, sauf son recours et le bénéfice d'inventaire. L'un et l'autre de ces systèmes a ses avantages et ses inconvénients. Celui du Droit romain fut choisi, et l'on consacra ce principe qui remonte à la loi des Douze Tables : *Nomina inter hæredes pro portionibus hæreditariis ercta cita sunto.* Il parut juste de n'avantager ou de ne charger les héritiers qu'en proportion de la part qu'ils prennent dans la succession.

Lorsqu'il n'existe qu'un seul débiteur et un seul créancier, la divisibilité reste sans application. L'obligation qui est susceptible de division, doit être exécutée entre le débiteur et le créancier, comme si elle était indivisible (art. 1220, 1er al.). Le débiteur ne peut forcer le créancier à recevoir en partie le payement d'une dette même divisible (art. 1244), ni le créancier forcer le débiteur à la lui payer par portions. Elle n'a d'utilité que dans les deux hypothèses suivantes : 1° Lorsqu'il existe plusieurs créanciers ou débiteurs conjoints dès le principe. 2° Quand le créancier et le débiteur uniques dans l'origine meurent tous deux, ou l'un d'eux seulement, laissant plusieurs héritiers.

Lorsque plusieurs personnes, dans le même contrat, stipulent une même chose divisible, elle se divise par la seule force de la loi, en autant de parties qu'il y a de créanciers et de débiteurs, et forme autant de créances et de dettes séparées que si elles avaient été établies par des actes différents. Chaque créancier n'a droit qu'à une portion virile, chaque débiteur ne doit que sa part virile, à moins que par la convention on ait réglé autrement la manière d'effectuer le payement; et que cette convention soit faite entre toutes les parties contractantes. Si elle était faite par les créanciers entre eux, ou par les débiteurs dans des actes séparés, ce serait, quant à ceux qui n'y auraient pas figuré, *res inter alios acta,* et cette nouvelle stipulation n'empêcherait pas la prestation de se diviser *pro parte virorum,* dans le rapport établi entre les créanciers et les débiteurs; sauf à se faire réciproquement raison entre eux de ce qu'ils auraient reçu ou payé au delà de ce dont ils étaient convenus.

Quand le créancier ou le débiteur, unique dans l'origine, meurt laissant plusieurs héritiers, la division s'opère entre ceux-ci de la même manière que ci-dessus; d'une créance et d'une dette uniques dans le principe, il s'en forme autant qu'il existe d'héritiers des deux côtés. Chacun ne peut exiger que sa part, et n'est tenu dans les dettes que d'une part proportionnée à celle dont il est saisi dans la succession. La division n'a pas de limites ; elle s'opère entre les héritiers d'un héritier, de même qu'entre les héritiers d'un créancier ou d'un débiteur originaire.

Par héritiers, l'art. 1220 comprend tous les successeurs universels et à titre universel, tels que légataires universels, à titre universel, donataire de tout ou partie des biens que le donateur laissera à son décès.

Les règles sur la divisibilité et l'indivisibilité s'appliquent avec les mêmes conséquences aux deux hypothèses ci-dessus. Ce que je dirai de l'une conviendra à l'autre, quoiqu'il ne soit textuellement question dans le Code que de la dernière (arg. art. 1222).

C'est en résumant ces principes que l'art. 1220 porte : L'obligation qui est susceptible de division doit être exécutée entre le créancier et le débiteur comme si elle était indivisible. La divisibilité n'a d'application qu'à l'égard de leurs héritiers qui ne peuvent demander la dette, ou qui ne sont tenus de la payer que pour les parts dont ils sont saisis ou dont ils sont tenus, comme représentant le créancier ou le débiteur.

De cette division il résulte :

1° Que chacun des créanciers ne peut réclamer que sa part dans la créance ; mais il est admis à poursuivre même avant le partage, ou par lui ou par ses ayant-cause, le recouvrement de cette part (Paris, 19 janvier 1831. D. P. 31, 2, 104).

2° Que chaque débiteur n'est tenu des dettes qu'en raison de sa part héréditaire, et qu'il peut se libérer sans être obligé d'attendre ses cohéritiers.

Le mode de la division n'est pas toujours le même ; il varie suivant la nature de la chose qui forme l'objet de l'obligation.

Si cet objet est une somme d'argent ou des choses qui consistent en nombre, poids et mesure, la division se fait par nombre. *In nummis et oleo ac frumento et similibus quæ communi specie continentur, apparet hoc actum, ut numero dividatur obligatio : quatenus et commodiùs promissori stipulatoribusque est. L. 29. D. de solut. et liber.* 46, 3.

Lorsque l'obligation comprend des corps certains et déterminés, chacun des créanciers n'a pas droit à la totalité d'un des corps, quand même ils seraient en même nombre que les créanciers. Ainsi, un créancier meurt laissant deux héritiers A et B. La prestation est de tel et tel arpent de terre; A sera créancier de la moitié de chaque arpent, et non d'un arpent entier. La division se fait *in partes singularum rerum*. Réciproquement, si au lieu de deux créanciers il existait deux débiteurs, chacun devrait moitié dans l'un et l'autre arpent. A plus forte raison cette décision a-t-elle lieu quand le nombre des héritiers n'égale pas celui des objets compris dans l'obligation.

Si la prestation était de deux choses indéterminées, de deux arpents de terre en général, et que le nombre des arpents cadrât avec celui des créanciers ou des débiteurs, *numéro tum dividitur obligatio*, chacun des créanciers aurait droit à un arpent entier, et non pas à la moitié dans l'un et l'autre arpent; chaque débiteur devrait un arpent entier. Si le nombre des créanciers ou des débiteurs ne cadrait plus avec celui des corps certains, si au lieu de deux créanciers ou de deux débiteurs, dans l'exemple précédent, on en comptait trois, ils pourraient exiger et devraient chacun les deux tiers d'un arpent, et non un tiers dans les deux arpents. *In stipulationibus alias species, alias genera deducuntur. Cùm species stipulamur, necesse est inter dominos, et inter hæredes ita dividi stipulationem, ut partes corporum cuique debeantur. Quotiens autem genera stipulamur, numero fit inter eos divisio; veluti cùm stichum et Pamphilum quis stipulatus, duos hæredes æquis partibus reliquit : necesse est utrique partem dimidiam stichi et Pamphili deberi. Si idem duos homines stipulatus fuisset : singuli homines hæredibus ejus deberentur.* L. 54, *princip. D. de V. O.* 45, ᴎ Voy. encore L. 29. *D. de solut.* 46, 3.

La raison de différence de division dans ces deux cas est facile à concevoir. Dans le premier, une des choses peut être très-supérieure à l'autre. On avantagerait le créancier auquel on la donnerait. Dans le second cas, les objets, n'étant pas déterminés, ne valent pas mieux abstractivement l'un que l'autre, tant que le choix n'en est pas fait. Le choix seul du débiteur est capable d'établir entre eux quelque différence ; mais c'est là un fait postérieur, dont ne souffre aucun préjudice le créancier qui reçoit l'objet le moins précieux ; et pour qu'il ne soit pas admis à se plaindre, il suffit que cet objet soit loyal et marchand.

La dette ou la créance une fois divisée, continue-t-elle de l'être quand les différentes portions se sont réunies sur une même tête avant le payement ? Cette réunion fait-elle cesser la faculté de payer ou d'exiger la dette par parties ? Il faut distinguer. Si l'obligation a été primitivement contractée envers plusieurs créanciers ou par plusieurs débiteurs, sans solidarité, non. Quand au contraire l'obligation n'a été divisée que *ex post facto,* par la mort du créancier ou du débiteur, une autre distinction doit être faite. Ou toutes les parties se réunissent sur une seule tête, par suite de la mort des cohéritiers auxquels succède le seul survivant d'entre eux. Cette réunion fait cesser la faculté de payer ou d'exiger la prestation par parties, quand la succession n'a pas été acceptée sous bénéfice d'inventaire. Il n'en est plus de même quand la réunion a été opérée par cession ou mandat.

Les héritiers du débiteur n'étant tenus des dettes qu'en proportion de leur part héréditaire, ne peuvent être poursuivis au delà, lors même que l'un d'eux serait insolvable même avant le partage, et qu'il resterait aux autres des biens plus que suffisants pour acquitter les dettes : peu importe qu'ils aient accepté ou non la succession sous bénéfice d'inventaire. (Cass. du 22 juillet 1811. Sir., XII, 1, 305).

Cette décision étant tirée des principes de la raison naturelle et de la nature même de la qualité d'héritier, doit avoir lieu, suivant Dumoulin et Pothier, n° 319, dans le for intérieur aussi bien que dans le for extérieur. Elle ne reçoit aucune exception.

3° L'interruption ou la suspension de la prescription n'a d'effet qu'en faveur du créancier qui l'a opérée ou du chef duquel elle a eu lieu.

4° L'interpellation faite à l'un des héritiers ou sa reconnaissance n'interrompt la prescription de la dette qu'à son égard et pour la part dont il est tenu (Cass., 5 mars 1838, D. p. 38, 1, 389). Afin de l'interrompre pour le tout, il faut que l'interpellation soit faite à tous les héritiers, ou que tous la reconnaissent. Mais si, en vertu des exceptions de l'art. 1221, un héritier avait été poursuivi pour le tout, la prescription serait, à son égard, interrompue pour la dette entière.

5° Lorsque l'obligation primitive contractée avec clause pénale est divisible, la peine n'est encourue que par celui des héritiers du débiteur qui contrevient à cette obligation, et pour la part seulement dont il était tenu dans l'obligation principale, sans qu'il y ait d'action contre ceux qui l'ont exécutée (art. 1233, 1er al.). Chaque héritier ne succédant qu'en partie à l'obligation du défunt, n'y peut contrevenir en sa qualité d'héritier que pour partie. Il ne doit supporter la peine que dans la même proportion. Si l'on pouvait exiger la peine de ceux qui ont exécuté la convention, le créancier, contrairement à l'art. 1229, recevrait à la fois la prestation et la peine.

Au lieu de contrevenir en partie à l'obligation avec clause pénale, un des héritiers y contrevient pour le tout. Pothier soutient qu'alors il sera tenu de toute la peine, et chacun des héritiers, non contrevenant, pour sa part. Tel serait le cas, dit-il, où une personne qui aurait affermé son héritage et garanti le bail par une peine, mourrait laissant plusieurs héritiers, dont l'un expulserait le fermier de toute la propriété. Je ne vois pas comment ce fermier s'est laissé expulser par une personne qui n'avait pas le droit de le faire. Si cependant l'expulsion avait eu lieu, l'héritier aurait agi comme tiers; on lui demanderait des dommages-intérêts et non la peine. Il me semble, au surplus, que sous l'empire du Code cette question ne fait pas doute. L'art. 1233 ne distingue pas si l'héritier n'a pas exécuté l'obligation en partie ou en totalité. Cet article d'ailleurs est formel;

3

il ne veut pas que la peine soit encourue contre ceux qui n'ont pas contrevenu à l'obligation. L'opinion de Pothier se justifierait en supposant que la clause pénale a été ajoutée dans l'intention que la garantie ne serait point partielle. On tomberait dans le 2ᵉ alin. de l'art. 1233, que j'examinerai bientôt.

6° La contravention faite par le débiteur unique envers l'un des créanciers, fait encourir la peine envers ce créancier seul et pour sa part. Arg. L. 2, § 6, *D. de V. O.* 45, 1.

SECTION II.

Exceptions au principe de la division.

Les exceptions dont il va être question ne s'appliquent qu'aux héritiers du débiteur, et non à ceux du créancier, qui restent toujours soumis au principe de la division, consacré par l'art. 1220. La division ne s'opérant plus entre les débiteurs par rapport aux créanciers, au lieu d'être obligés de s'adresser à tous les codébiteurs, le créancier unique ou ses héritiers, en se réunissant, ont l'avantage d'en pouvoir poursuivre un seul et d'en obtenir leur payement intégral.

Ces exceptions constituent l'indivisibilité de payement. L'objet de l'obligation est divisible : le payement ne se fait pas par parties, parce qu'un payement partiel ne serait pas équitable. *Aliud quippè individuitas obligationis, aliud incongruitas solutionis.* La division n'est pas d'ordre public; elle a été établie dans l'intérêt des héritiers du créancier et du débiteur; la loi devait permettre de s'y soustraire. Le créancier n'a peut-être contracté que sous la condition que son remboursement ne serait pas effectué par parties; un payement partiel lui causerait un préjudice notable. Le débiteur a souscrit à cette condition ; c'est une charge qui grève sa succession. Libre à ses héritiers de l'accepter ou d'y renoncer ; mais une fois qu'ils se sont portés héritiers, ils ont accepté les droits et les charges que renferme ce titre; ils sont tenus de les exécuter. Sans qu'il y ait stipulation expresse, il arrive quelquefois que l'objet même de l'obligation s'oppose à ce morcellement, par exemple, quand il s'agit d'un cheval. Comment exiger que pour avoir un cheval dont le défunt était débiteur, le créancier soit forcé de s'adresser à tous les héritiers de ce débiteur ? La force des choses voulait qu'on lui permît d'exiger ce cheval entier de l'héritier qui en serait détenteur, sauf à celui-ci son recours contre ses cohéritiers. Des motifs d'équité ont fait introduire d'autres exceptions.

L'art. 1221 est le siége de la matière, mais il est incomplet et inexact. Il ne contient pas toutes les exceptions, et il regarde comme telles certains cas qui n'en sont point. Je suis forcé de choisir parmi ses dispositions, d'examiner celles qui sont réellement exceptionnelles, de les compléter, et enfin, dans une autre section, de passer en revue ses nos 1 et 3, dont la place n'était pas dans cet article.

Le principe établi dans l'art. 1220 reçoit exception à l'égard des héritiers du débiteur (art. 1221) :

1° Lorsque la dette est d'un corps certain et déterminé. L'héritier dans le lot duquel il est tombé à la suite du partage (Locré, *Lég.*, t. XII, p. 358, n° 104) peut être poursuivi et condamné seul à l'accomplissement de l'obligation, sauf son recours (art. 1221, n° 2).

Le défunt pouvait être tenu de la restitution de ce corps certain, par action réelle, ou à la fois par action réelle et personnelle, ou par action personnelle seule.

Dans la première hypothèse, l'héritier dans le lot duquel est tombé le corps certain, peut être poursuivi seul comme détenteur. Le créancier n'a pas d'action contre les autres cohéritiers, car ils ne possèdent rien, et *vindicatio rem sequitur, et non personam obligat.* L. 2, *C. si unus ex plurib. hæred.* 8, 32. Si le partage n'avait pas eu lieu, le créancier ne pourrait poursuivre chaque héritier que pour sa part, puisque la chose restant indivise, chacun d'eux ne saurait la livrer

3.

entière, n'en étant propriétaire que pour partie (arg. art. 1672).
Aussi le jugement qui condamnerait un seul héritier à la prestation
totale, n'aurait pas, à l'égard des autres, la force de la chose jugée.

Au second cas, quand le partage n'a pas été effectué, les cohéritiers ne peuvent être actionnés, chacun que pour sa part. Si au contraire il l'a été, le créancier, par l'action réelle, a le droit de demander le tout au détenteur, ou bien, au moyen de l'action personnelle, de s'adresser divisément à tous les débiteurs sans distinction
entre le détenteur et les autres. Il devrait nécessairement diviser sa
demande, si l'art. 1221 ne lui donnait pas un pouvoir plus étendu.
Cet art. n° 2 ne s'occupe pas de l'hypothèse où le créancier reven-
diquerait le corps certain par action réelle, sans quoi il ne contien-
tiendrait aucune disposition nouvelle ; il suppose qu'il agit par action
personnelle en délivrance, et qu'en vertu de cette action, il poursuit
le détenteur pour le tout. Il y a alors exception. Le corps certain
étant divisible, a dû se diviser entre les débiteurs, et par suite l'action en délivrance aurait dû aussi se partager : elle se divise effecti-
vement. Car, tant que le partage n'a pas été opéré, la demande doit
être partielle contre chacun des codébiteurs ; et chacun, en offrant
sa part, purgerait sa demeure et constituerait le créancier en retard
de recevoir. Mais une fois le partage effectué, ce corps certain se
trouve entre les mains d'un seul héritier ; la loi le regarde alors
comme obligé personnellement pour le tout à l'égard du créancier,
et permet à ce dernier de le poursuivre pour la totalité. Voilà en
quoi consiste l'exception. Elle est fondée sur les inconvénients dont
souffrirait le créancier de la nécessité de poursuivre tous les débiteurs, quand il était facile d'éviter ces contestations en lui donnant
la faculté de s'adresser à un seul d'entre eux.

De ce que le détenteur est exposé à la condamnation de la prestation du corps certain, il ne s'ensuit nullement qu'il le doit entièrement. C'est qu'ayant seul le moyen de le livrer, il y est tenu par l'o-
bligation accessoire *præstandi bonam fidem. Hæres ejus qui commodatum*

accepit, pro eâ parte quâ hæres est convenitur, nisi fortè habuerit totius
rei facultatem restituendæ, nec faciat ; tunc enim condemnatur in soli-
dum, quia hoc boni judicis arbitrio conveniat. L. 3, § 3, *D. de com-*
mod. vel contra, 13, 6.

Que le corps certain et déterminé appartenant au défunt, il en
ait transféré la propriété par vente, donation, etc., ou qu'il n'en ait
que la simple détention à titre de dépôt, de prêt, etc., peu importe, l'art. 1221, n° 2, est applicable.

Cette exception étant toute dans l'intérêt du créancier, il lui est
libre d'y renoncer, de poursuivre partiellement les débiteurs, sauf
leur recours contre le détenteur, s'il avait été chargé par le partage
de l'acquittement de l'obligation.

L'art. 1221, n° 2, ne s'applique qu'autant que l'héritier possède
le corps certain en sa qualité d'héritier. S'il le détenait de son chef,
comme propriétaire il n'en serait pas débiteur, et il ne devrait être
condamné à en payer la valeur ou à le livrer que pour la part dont
il est tenu dans la succession. L. 86, § 3, *D. de leg. et fid.* 30, 1,
n° 1.

La créance d'un corps certain et déterminé se divise entre les héritiers du créancier, comme entre ceux du débiteur. Chacun ne peut
demander que la part qui lui advient, lors même qu'il payerait le
prix total de ce corps, à moins qu'il ne représente une procuration
de ses cohéritiers ou qu'ils ne se soient réunis à lui. Le débiteur a même
le droit de leur refuser un payement partiel, et d'exiger qu'ils s'ac-
cordent tous entre eux afin de recevoir la prestation (arg. art. 1670
et 1939).

2° Lorsque le corps certain et déterminé qui faisait l'objet de l'o-
bligation a péri par la faute ou pendant la demeure de l'un des héritiers, cet héritier est tenu d'en payer la valeur et les dommages-
intérêts, sans que ses codébiteurs puissent être poursuivis pour leur
part. La raison en est que cette obligation en renferme une autre
accessoire et indivisible, celle *præstandi bonam fidem et diligentiam,*

dont chacun des héritiers est tenu *in solidum ;* celui qui y contrevient doit seul supporter les conséquences de sa faute.

Si, au contraire, le corps certain eût péri par la faute ou pendant la demeure du défunt, l'obligation se changeant en dommages-intérêts, chacun des héritiers les supporterait. Ces dommages-intérêts, chose divisible, se répartiraient entre eux de même que toute autre prestation divisible. De là cette maxime, qu'un héritier ne peut être poursuivi que pour sa part dans une dette divisible, lorsqu'il l'est en sa qualité d'héritier non détenteur ou par suite du fait du défunt, mais qu'il est exposé à payer la dette entière quand on la lui demande, par suite de son fait personnel.

Les autres héritiers qui n'ont pas concouru à la perte de la chose due, sont libérés à l'égard du créancier. Chacun était dans la position d'un débiteur de corps certain, dont la perte le libère, lorsqu'il n'a pas de faute à s'imputer et qu'il n'est point en demeure (art. 1302). L'héritier est responsable des faits de son auteur, mais il ne garantit pas ceux de ses cohéritiers. L. 9 et 10, *D. de depos. vel. cont.,* 16, 3 ; L. 17, § 2, *D. de commod. vel cont.* 13, 6.

La valeur de la chose qui a péri par le fait de plusieurs débiteurs, est due solidairement par chacun d'eux. *Nec enim,* dit Dumoulin, *qui peccavit ex eo relevari debet, quod peccati habet consortem.* Cependant s'ils avaient contribué séparément à cette perte, ils ne devraient chacun que la valeur de la partie qu'ils auraient divertie et les dommages-intérêts dans la même proportion, à moins que quelques-uns d'entre eux ne fussent insolvables. L. 22, *D. de depos. vel cont.* 16, 3.

3° Quand une obligation a été contractée avec clause pénale, que la peine a été ajoutée dans l'intention que le payement ne serait point fait partiellement, et qu'un cohéritier a empêché l'exécution de l'obligation pour la totalité, la peine entière peut être exigée contre lui et contre les autres cohéritiers pour leur portion seulement, sauf leur recours (art. 1233, al. 2). *Non immediatè tenentur ex facto et culpâ dolosi, sed ex ejus occasione et tanquam ex eventu conditionis, ex obligatione defuncti, quæ in eos sub eâ conditione descendit.* Molin, n° 440.

La clause pénale était une seconde obligation contractée par le défunt, sous la condition que la première ne se réaliserait pas. Elle tombe à la charge des héritiers comme l'obligation principale. Ils doivent donc la supporter, chacun par partie, dès que la condition s'accomplit. Mais puisque ceux qui sont étrangers à la faute, ne doivent pas en subir les conséquences, la loi leur accorde un recours contre le contrevenant. Elle va plus loin. Dans le dessein d'éviter des recours successifs, elle consacre une véritable exception au principe de la division, en permettant au créancier de s'adresser directement au contrevenant et d'exiger de lui la peine entière.

Les deux différentes solutions contenues dans les exceptions deux et trois, se justifient facilement. Il serait inutile d'insister.

Malgré le texte précis de l'art. 1233, al. 2, quoiqu'il ne soit pas exprimé dans le contrat que la clause pénale a été insérée, afin que le payement ne fût point fait partiellement, cet article n'en serait pas moins applicable si cette intention ressortait des circonstances, de la nature de l'engagement, de la fin qu'on s'est proposée, de la chose qui en fait l'objet. Il suffirait encore que la dette fût d'un corps certain. En un mot, la disposition de l'art. 1233, al. 2, est générale et s'applique à toutes les obligations indivisibles *solutione*. L'héritier, dans tous ces cas, encourrait la peine sans avoir contrevenu, sauf son recours, et il ne l'éviterait nullement en offrant sa part héréditaire dans la dette primitive, à la charge par le créancier de la lui restituer, s'il l'avait acceptée en attendant le surplus de la prestation. L. 85, § 6, *D. de V. O.*, 45, 1.

Par fois la peine encourue par le fait d'un cohéritier, ne donne pas aux autres de recours contre lui, et il ne la supporte que pour sa part.

4° Lorsqu'on est convenu que le payement ne sera pas divisé. Cette convention peut être faite de trois manières.

a. En stipulant dans le titre constitutif ou postérieur, ou en dé-clarant par testament que les héritiers seront tenus de la dette soli-dairement, sauf le recours de celui qui aura payé. On suit les principes de la solidarité. Il est au choix du créancier de poursuivre un seul héritier (art. 1203), ou de les actionner tous à la fois (art. 1204). Les héritiers n'ont pas à se plaindre de cette clause; il était permis au défunt d'imposer à sa succession telle charge il lui semblait bon, pourvu qu'elle ne fût contraire ni aux lois, ni aux bonnes mœurs.

b. En stipulant que la dette ne pourra être acquittée par parties. L'effet de cette convention n'est pas d'empêcher l'obligation de se diviser entre les héritiers du débiteur, mais d'empêcher qu'aucun d'eux ne paye valablement sa part que conjointement avec ses cohé-ritiers. De sorte que les offres d'un seul pour sa part ne le libère-raient pas et ne constitueraient pas le créancier en demeure de recevoir, si ses cohéritiers n'offraient en même temps ce qu'ils doivent.

Cette convention empêche les héritiers du débiteur de payer par parties le créancier tant qu'il vit, mais ne s'oppose pas à la division de la prestation entre les héritiers de ce dernier. Le débiteur ne doit payer à chacun d'eux que sa part héréditaire. En donnant le tout à un seul, il ne serait pas libéré à l'égard des autres.

On peut néanmoins convenir que l'un des créanciers aura la fa-culté d'exiger le total et de libérer le débiteur par sa seule quittance. Ce créancier est considéré comme agissant en vertu d'un mandat donné en faveur des autres héritiers; ils sont libres de le retirer à volonté. Il suffit de notifier au débiteur qu'ils entendent toucher eux-mêmes leurs portions.

Rien n'empêche aussi que le débiteur stipule qu'il pourra rem-bourser le total à un seul des créanciers dont la quittance le libé-rera. Ce créancier est un véritable *adjectus solutionis gratiâ*, et le mandat, à la différence de l'hypothèse précédente, étant en faveur du débiteur, ne saurait étré révoqué par les créanciers sans une juste cause.

c. En disant dans le titre constitutif ou dans un titre postérieur (Locré, *Lég.*, t. XII, p. 358, n° 101) que l'un des héritiers sera chargé seul de l'exécution de l'obligation (art. 1221, n° 4), que ce titre soit une convention ou un testament, peu importe. Il faut se garder de confondre le cas où l'héritier est chargé seul de *l'exécution*, d'avec celui où il le serait de *l'obligation elle-même.* Le Code permet au débiteur de charger par convention un de ses héritiers de l'exécution de l'obligation, sauf son recours, mais il ne l'autorise pas à le faire, en le privant de recours. Cette dernière faculté ne lui est accordée que par testament. En effet, ne serait-ce pas avantager les autres cohéritiers en les déchargeant de leur part contributoire dans la dette? ne serait-ce pas un véritable legs, fait sans les formalités requises pour la validité des legs?

Ces trois exceptions n'étaient point admises dans le Droit romain. La division des obligations semblait d'une nécessité tellement absolue, qu'il était impossible de s'y soustraire. L. 56, § 1, *D. de V. O.* 45, 1; L. 20, § 5. *D. de famil. ercisc.* 9, 12; L. 69, § 2. *D. de leg.* 30, 1, n° 1. La rigueur du Droit romain n'a jamais été suivie en France ni chez les nations voisines.

Quand l'héritier est chargé seul par convention de l'exécution de l'obligation, les autres débiteurs sont exposés encore à se voir poursuivre pour leur part. Cela ne fait pas doute. Une autre question plus controversée se présente : celle de savoir si cet héritier à qui on demande le tout, doit être condamné à la prestation entière, lors même qu'il demanderait à mettre ses cohéritiers en cause, et à faire diviser la condamnation. L'affirmative paraît préférable.

5° Lorsqu'il résulte, soit de la nature de l'engagement, soit de la chose qui en fait l'objet, soit de la fin qu'on s'est proposée dans le contrat, que l'intention des contractants a été que la dette ne put s'acquitter partiellement. Chaque héritier peut être poursuivi et

4

condamné pour le total, non solidairement, sauf son recours. (art. 1221, n° 5).

Dans l'ancienne jurisprudence, d'après Pothier, le créancier devait mettre en cause tous les héritiers ; la demande formée contre un seul, ne le constituait pas en demeure, et n'était pas valable ; car l'obligation étant divisible, il ne devait pas le tout. Le Code a rejeté cette doctrine.

Au numéro précédent je me suis occupé d'une exception résultant de la convention ou de la disposition expresse des parties. Ici il s'agit d'une convention ou d'une disposition tacite, de l'appréciation de l'intention des contractants ou du disposant, appréciation abandonnée aux lumières des tribunaux.

La présomption que les contractants ou le disposant ont voulu rendre l'obligation indivisible *solutione*, se tire :

a. De la chose qui fait l'objet de l'engagement. Cette exception semble rentrer dans le n° 2 de l'art. 1221 ; cependant, comme on doit autant que possible, donner un sens à toutes les dispositions de la loi, il faut qu'au n° 2 il s'agisse de corps certains déterminés dans leur individualité, et au n° 5 de choses déterminées quant à leur espèce seulement, susceptibles de parties intellectuelles. Le débiteur d'un cheval meurt laissant trois héritiers ; la dette se divise entre eux ; chacun doit un tiers d'un cheval, et peut par conséquent offrir son tiers dans tel cheval il lui convient. Tous n'ont qu'à offrir leur tiers dans trois chevaux différents. Qu'en résultera-t-il ? Qu'au lieu d'avoir un cheval, le créancier sera propriétaire d'un tiers dans trois chevaux : absurdité tellement évidente, tellement contraire à la convention, que dans le but de l'éviter, on permet au créancier de demander le cheval entier à l'un des héritiers à son choix. Car il résulte de l'objet de l'obligation que l'intention des contractants a été que la dette ne serait pas acquittée partiellement.

A la différence du cas où la prestation est d'un corps certain et déterminé, je crois que dans l'hypothèse précédente, avant le partage, un des héritiers ne se libérerait pas, et ne constituerait pas le créancier en demeure de recevoir, en abandonnant sa part. Quand le corps est déterminé dans son individualité, le créancier ne peut l'exiger en totalité de l'héritier possesseur qu'après le partage. Avant il faut qu'il s'adresse à tous les débiteurs, et le leur demande par parties. Chacun devant une seule partie, et n'étant exposé aux poursuites qu'à raison de cette partie, doit se libérer en l'offrant au créancier. Ici, au contraire, on ne considère plus si le partage a ou non été effectué. Peu importe au créancier ; il a le droit avant comme après de poursuivre chaque héritier pour le tout, et il peut regarder comme insuffisantes des offres partielles. Admettons que chacun se libère en offrant ce à quoi il est tenu, on retombera alors dans l'inconvénient, dans l'absurdité signalée plus haut ; inconvénient qui ne se présente pas lorsque la prestation est d'un corps certain et déterminé.

La créance de ce corps indéterminé, de même que celle d'un corps déterminé, se divise entre les héritiers du créancier. Chacun n'a droit qu'à sa part, lors même qu'il payerait le prix total de la chose, à moins qu'il ne représente une procuration de ses cohéritiers ou qu'ils ne se réunissent à lui.

b. De la nature de l'engagement. Cette exception difficile, pour ne rien dire de plus, à distinguer des deux autres dispositions de l'art. 1221, n° 5, semble s'appliquer principalement aux collections, aux choses susceptibles de division matérielle, qui forment un tout, ou qui seraient dénaturées par la division, ou dont un payement partiel causerait un préjudice au créancier ou au débiteur. Telle est, l'obligation de livrer un corps de ferme vendu ou loué, un attelage de quatre chevaux. Les débiteurs doivent se réunir, afin de les donner tous quatre, et quoique cette obligation soit divisée entre eux, chacun ne se libérerait pas en offrant un cheval propre à atteler. Un des créanciers ne pourrait exiger l'attelage entier en payant la valeur des quatre chevaux, ni même un cheval en payant le quart du prix total. Il n'a qu'une partie dans chaque cheval, et il ne lui appartient pas plus qu'au débiteur de faire le partage de cet attelage.

Cette obligation est tellement indivisible *solutione*, que le vice redhibitoire dont l'un des chevaux serait atteint, donnerait lieu à la résolution de la vente pour tout l'attelage. Le vendeur pourrait aussi, si l'acquéreur ne demandait la résolution que pour un cheval, exiger qu'on lui rendît les quatre (arg. art. 1670). Tandis que si on avait stipulé quatre chevaux sans en préciser la destination, sans en avoir fait une espèce de collection, le vice redhibitoire dont l'un serait atteint, n'entraînerait pas l'action en nullité contre la vente des autres.

Quelle est la nature de la dette d'aliments? Je la crois divisible et non solidaire.

c. De la fin que les contractants se sont proposée. Telle serait la promesse d'une somme d'argent destinée à me tirer de prison. Un seul des héritiers ne serait pas admis à m'offrir sa part; elle me serait inutile et ne servirait pas à obtenir mon élargissement. Cependant, par mesure d'équité (Dumoulin, p. 2, n° 40), pense que le créancier qui pourrait conserver avec sûreté la part d'un débiteur, devrait la recevoir, sauf à agir pour le surplus contre l'un des autres débiteurs ou contre tous.

La lettre de change, devant faire l'office de monnaie, est indivisible *solutione*, par suite de la fin que les contractants se sont proposée.

SECTION III.

Développement des n°s 1 et 3 de l'art. 1221, regardés à tort comme des exceptions au principe de la division des obligations.

Pour terminer le développement de l'art. 1221, il me reste à examiner deux dispositions dont le Code fait des exceptions au principe de la division des obligations entre les héritiers du débiteur, et qui n'en sont réellement pas.

Le principe établi en l'art. 1220 reçoit exception, porte, à tort, l'art. 1221 :

1° Lorsque la dette est hypothécaire. Or, l'hypothèque ne rend pas l'obligation indivisible, parce que :

a. Le détenteur de l'immeuble hypothéqué ne peut être poursuivi sur ses propres biens que pour sa part dans ce qui resterait dû, les immeubles hypothéqués une fois vendus. Car l'adition d'hérédité ne produit pas une hypothèque tacite sur les biens propres de celui qui l'accepte. *Obligatio facta a defuncto non porrigitur ad bona ejus hæredis.* Dans l'obligation indivisible, au contraire, il devrait le tout, et la généralité de ses biens serait affectée à l'acquittement de la dette entière.

b. Il peut s'affranchir de l'obligation en payant sa part, et en délaissant l'immeuble hypothéqué. Il en est de même de l'héritier auquel on demande le tout avant le partage, en sa qualité de détenteur de partie des biens hypothéqués. En effet, il n'est que tiers détenteur, non obligé personnellement. L. 2, *C. si unus ex plur. hæred.*, 8 32.

c. S'il avait aliéné les immeubles hypothéqués, le créancier ne le poursuivrait plus que par action personnelle, et pour sa part seulement.

d. L'art. 2249, al. 2, dit formellement que l'hypothèque ne rend pas l'obligation indivisible. Il accorde à cette dernière des effets qu'il refuse à l'obligation purement hypothécaire. Il faut donc qu'elles soient distinctes.

Ce n'est pas en vertu de l'indivisibilité de l'obligation, mais de l'hypothèque que le détenteur est passible de l'action pour le tout. En effet, dans une dette hypothécaire, il faut distinguer deux choses : l'obligation personnelle et l'obligation hypothécaire. La première se divise comme toute obligation de cette nature. Mais le créancier hypothécaire n'est pas tenu de suivre cette division, et par l'action hypothécaire qui est indivisible activement et passivement, il peut sommer chaque héritier détenteur d'une partie de l'immeuble, quelque minime qu'elle soit, de payer la totalité ou de délaisser. Je dis activement : ainsi le créancier meurt, et laisse deux successeurs. L'un est payé de sa part ; l'hypothèque ne sera pas réduite à la moitié des immeubles ; elle continuera à résider sur le tout. Passivement : de deux héritiers du débiteur, l'un paye sa part, il ne sera pas recevable en demandant main-levée de l'hypothèque qui grève moitié des biens. L'hypothèque est un droit réel, *jus in re,* qui pèse sur la totalité des biens et sur chaque partie (art. 2114). *Est tota in toto, et tota in qualibet parte.* Un héritier détenteur d'une partie de l'immeuble est donc exposé à se voir demander le total de la dette, quoiqu'il n'en soit pas débiteur (art. 873). Le créancier qui l'actionne ne le considère pas comme obligé personnel, mais comme tiers détenteur. Cet héritier n'a d'autre ressource que de payer la dette entière, ou de délaisser.

L'intérêt seul des contractants a fait donner à l'hypothèque le caractère d'indivisibilité. Car de sa nature, *non légale,* elle est très-divisible, puisqu'elle s'applique à des immeubles essentiellement divisibles. Les contractants sont libres de renoncer à son indivisibilité et de déclarer qu'elle se divisera de même que l'obligation personnelle.

Le cohéritier qui, par l'effet de l'hypothèque a payé au delà de sa part dans la dette commune, a son recours contre les autres cohéritiers pour la portion que chacun doit personnellement supporter (art. 875), et en cas d'insolvabilité de l'un des codébiteurs, sa part dans la dette hypothécaire est répartie entre les autres au marc le franc. Si la dette était pure et simple, cette insolvabilité serait supportée par le créancier.

Toutes ces règles sur l'hypothèque s'appliquent quand la créance est garantie par un privilége ou un gage, dont l'hypothèque n'est qu'une espèce. Le gage, dit l'art. 2085, est indivisible nonobstant la division de la dette entre les héritiers du débiteur ou ceux du créancier. L'héritier qui a payé sa portion de la dette, ne peut demander la restitution de sa portion dans le gage, tant que la dette n'est pas entièrement acquittée. Réciproquement, l'héritier du créancier qui a reçu sa portion de la dette, ne peut remettre le gage au préjudice de ceux de ses cohéritiers qui ne sont pas payés.

2° Lorsqu'il s'agit de la dette alternative de choses au choix du créancier, dont l'une est indivisible (art. 1221, n° 3).

Cette rédaction est obscure, inutile, ne consacre pas d'exception, est inexacte.

a. Elle est obscure. En effet, en ne lisant pas l'exposé des motifs par M. Bigot-Préameneu (Locré, *Lég.*, t. XII, p. 358, n° 101), il serait difficile d'en saisir le sens, de savoir qu'elle signifie : que les débiteurs ne peuvent, dans le cas prévu, forcer le créancier à recevoir la prestation divisible, sous prétexte de l'indivisibilité d'un des objets compris dans l'obligation.

b. Inutile. La chose s'entendait d'elle-même.

c. Elle n'est pas une exception. De deux choses l'une : ou le créancier choisira la prestation divisible, et l'on appliquera les principes de la divisibilité, ou il fera choix de la prestation indivisible, et l'on suivra les règles tracées sur l'indivisibilité. Sous aucun rapport, cette disposition ne saurait être regardée comme une exception au principe posé en l'art. 1220.

d. Elle est inexacte. Peu importe que le choix appartienne au créancier ou aux débiteurs, que les deux objets ou l'un d'eux seulement soit divisible. Les débiteurs ne forceront pas le créancier à recevoir une partie dans chacun des objets, quand même ils seraient tous divisibles; le créancier en souffrirait un trop grand préjudice; il doit recevoir une chose entière, et non des parties dans différents objets; autrement la substance même de l'obligation serait altérée. Le payement qu'il aurait reçu de la moitié de l'une des deux choses ne serait valable qu'autant que l'autre moitié lui serait concédée, et si on lui donnait l'autre objet entier, il y aurait lieu à la répétition du premier payement. Les débiteurs doivent se réunir, afin d'offrir une seule chose. Réciproquement, chaque créancier ne peut demander une partie dans un des objets qu'autant que ses cocréanciers sont d'accord sur le choix, ou que le sort l'a décidé. L'obligation alternative reste donc en suspens jusqu'au choix fait par les créanciers ou les débiteurs. Le choix seul est indivisible. L. 85, § 4. D. de V. O. 45, 1; L. 2. § 2. eod. tit.

Lorsque de deux débiteurs l'un a été libéré pour sa part, soit par la remise que le créancier lui en a faite, sóit autrement, rien n'empêche que l'autre débiteur ne paye la moitié d'une des choses qu'il doit, à son choix. Les règles ci-dessus tracées cessent aussi d'être applicables dès que la dette n'est plus alternative.

Avant de quitter le domaine de l'art. 1221, qu'il me soit permis de m'arrêter encore sur sa mauvaise rédaction et de démontrer les contradictions dans lesquelles il se trouve avec certains autres articles du Code civil, avec les art. 1939 et 1672. Si la chose déposée, porte l'art. 1939, est *indivisible,* etc. Or quelle peut être cette chose? Évidemment un corps certain et déterminé, et cependant les art. 1217 et 1221, n° 2, la qualifient de divisible.

Quand on vend un immeuble avec pacte de rachat, il doit être dans l'intention du vendeur d'avoir la faculté de reprendre cet immeuble en entier. C'est le cas d'appliquer l'art. 1221, n° 5; et l'art. 1672 veut que le vendeur poursuive chaque héritier pour sa part.

Ces deux numéros rentrent, je l'ai dit, dans l'art. 1218. Les choses dont ils parlent sont donc indivisibles d'après l'art. 1218. D'où il suit que l'héritier, assigné pour le tout conformément à l'art. 1221, se prétendra être régi par l'art. 1218, et demandera que le bénéfice de l'art. 1225 lui soit applicable.

Par convention, nous l'avons vu, on ne peut mettre à la charge d'un héritier que l'exécution d'une obligation et non l'obligation elle-même. Et cependant, si poursuivi, conformément à l'art. 1221, n° 4, l'héritier est forcé d'acquitter la dette entière, et qu'après ce payement un de ses cohéritiers devienne insolvable, il supportera cette insolvabilité à la place du créancier, et l'obligation elle-même aura été acquittée par lui.

CHAPITRE III.

DES EFFETS DE L'OBLIGATION INDIVISIBLE.

Sous la rubrique *des effets de l'obligation indivisible,* je n'entends parler que de l'indivisibilité proprement dite, c'est-à-dire de l'indivisibilité *contractu* et *obligatione.* Quant à l'indivisibilité de payement, qui n'est qu'une exception à la divisibilité, il faut recourir aux principes qui régissent cette dernière, principes exposés à la section première, et modifiés dans les deux sections suivantes. En passant, j'observerai que tout ce que je dirai des héritiers succédant à un débiteur ou à un créancier unique dans l'origine, s'appliquera également aux créanciers ou débiteurs originairement conjoints.

Les effets de l'obligation indivisible sont les suivants :

1° Chaque créancier peut exiger en totalité l'exécution de l'obligation, non pas à la vérité à son profit seulement, mais au profit de l'hérédité (art. 1224), et par sa seule quittance libérer valablement le débiteur. C'est une conséquence nécessaire de l'indivisibilité que la prestation soit due à chacun des créanciers, puisqu'elle ne saurait l'être par parties, n'étant pas susceptible de division. L'indivisibilité produit en ce point le même effet que la solidarité. Mais si le débiteur poursuivi ne satisfait pas à l'obligation, et qu'elle se convertisse en dommages-intérêts, il ne devra plus au créancier que sa part héréditaire. En effet, ce créancier ne l'est pas *totaliter ;* son droit de demander le tout ne repose que sur l'impossibilité de partager l'objet de l'obligation. Si donc, au lieu de fournir la presta-

5

tion, le débiteur est condamné à des dommages-intérêts, chose très-divisible, l'impossibilité d'une exécution partielle n'existant plus, le créancier retombe sous l'empire de l'art. 1220.

Quoiqu'un créancier ait le droit d'exiger la totalité de la prestation, la loi ne lui a pas donné celui de faire seul la remise de la totalité de la dette (art. 1224). Ceci concorde avec la solidarité, contrairement au Droit romain L. 13, § 12. *D. de accep.* 16, 4. De deux créanciers A et B, A fait la remise du tout; le débiteur n'est pas libéré à l'égard de B. Cette remise, toutefois, ne restera pas sans effet. B ne pourra demander la chose indivisible qu'en tenant compte de la portion de A (art. 1224), opération qui se fait par voie de *numération* et non de *déduction*, et le débiteur ne se libérerait pas en offrant à B la moitié du prix de la chose due. B a le même droit que le défunt, et celui-ci ne pouvait être contraint à recevoir un autre objet que celui qui lui était dû, quoique la valeur de l'objet offert fût égale ou même supérieure (art. 1243). Le débiteur seulement retiendra la chose indivisible jusqu'à ce qu'on lui ait remboursé moitié de l'estimation. Molin, p. 3, n° 189.

Un des créanciers n'a pas le pouvoir non plus de recevoir seul le prix au lieu de la chose (art. 1224). Car il ne lui est pas permis de changer seul la nature de l'obligation, et dans le cas où ses co-créanciers consentiraient à ce changement, la prestation devenant divisible, il ne serait plus créancier que pour sa part. Si néanmoins il avait reçu le prix, les autres créanciers devraient, comme ci-dessus, tenir compte au débiteur de la valeur de la portion de ce créancier. Il faut décider de même lorsque le débiteur devient héritier de l'un des créanciers et réciproquement.

Le cocréancier non donateur qui voudra avoir la prestation entière sans faire de remise au débiteur, évitera facilement l'art. 1224, et rendra inapplicable sa disposition. Supposons Paul débiteur d'une servitude envers Pierre et Jacques, cohéritiers. Jacques fait don à Paul de cette servitude. Pierre qui désire l'avoir, sera forcé de remettre à Paul cinq cents francs, valeur de la part de Jacques. Or, cette somme il la trouverait difficilement, et cependant il voudrait que cette servitude fût attachée à l'héritage dont il est probable qu'il deviendra seul propriétaire par suite du partage. Que fera-t-il? Avant de réclamer la dette, il provoquera le partage de la succession. Si l'héritage tombe au lot de Jacques, comme il lui appartient et est censé lui avoir appartenu de tout temps, qu'il a donné la servitude sans restriction, Paul doit être entièrement libéré, et l'art. 1224 est inutile, puisque le cocréancier aura donné valablement plus que sa moitié. Au contraire, l'héritage tombe au lot de Pierre. En vertu de l'art. 883, il est censé y avoir succédé seul, ainsi qu'aux droits qui y sont attachés. Jacques n'a jamais été propriétaire de la servitude, et n'a pu céder des droits qu'il n'avait pas. Pierre évitera, par ce moyen, la remise prescrite par l'art. 1224. Le donataire aura le droit, il est vrai, d'intervenir au partage, d'exiger des dommages-intérêts du donateur; mais tout cela ne regarde nullement Pierre.

Cherchons comment appliquer cet article. Il faut supposer la prestation indivisible restant indivise après le partage, formant à elle seule toute la succession, ou bien étant commune entre plusieurs créanciers conjoints dès l'origine. Le partage étant impossible, il est vrai de dire qu'un des créanciers avait sur elle des droits certains et la liberté d'en disposer. Le cocréancier non donateur qui refusera de faire la remise indiquée, provoquera la licitation de l'objet indivisible : dans le cas contraire, il se le fera livrer, et en fournira moitié de l'estimation.

2° Quant aux héritiers du débiteur :

a. Ou la dette est de nature à ne pouvoir être acquittée que par l'héritier assigné. Le défunt a promis un droit de passage sur un fonds qui, par suite du partage, appartient à l'un des héritiers. Celui-ci sera seul poursuivi et condamné à la prestation de l'obligation, car seul, en sa qualité de propriétaire, il est capable de faire l'abandon de la servitude ; sauf son recours en garantie contre ses cohéritiers, si garantie lui est due. Il est bon même qu'il les appelle en cause, afin de faire statuer sur ce recours, et de prévenir toute difficulté de leur part sur l'existence du droit revendiqué par le créancier. L'art. 175, Code de procédure civile, sans distinction, accorde un délai pour appeler en garantie à tous ceux qui prétendent y avoir droit.

M. Toullier pense que cet exemple ne convient plus aux principes du Code, parce que le concessionnaire est propriétaire de la servitude par l'effet de la convention même; il peut s'en mettre en possession, et n'a plus besoin de venir par voie d'action contre les héritiers du concédant. Cet auteur n'a pas remarqué qu'une pareille convention était susceptible d'une foule de modifications. Si le concessionnaire n'a qu'un droit de passage non précisé sur telle ou telle partie du fonds servant, qu'il soit nécessaire pour l'exercer de s'en faire indiquer la place, d'abattre un mur, etc; quoiqu'il soit propriétaire du droit, il ne s'ensuit pas qu'il ait la faculté de l'exercer sans prévenir l'héritier du concédant, et de se faire justice en abattant le mur là où il lui conviendra. Il lui faudra assigner cet héritier seul, car seul il est capable de faire la délivrance, ou bien il le fera condamner à la totalité des dommages-intérêts.

L'héritier qui refuserait d'accorder la servitude, quoi qu'il en ait seul la faculté, ne serait condamné que pour sa part aux dommages-intérêts, si elle avait été promise par le défunt sur les biens de cet héritier. Il agirait alors en qualité de propriétaire et non d'héritier, et il n'est tenu à la garantie de la vente faite par son auteur, qu'en proportion de ce à quoi il a succédé. En consentant à l'exercice de cette servitude, il aurait droit à une indemnité de ses cohéritiers.

b. Ou elle peut l'être séparément, soit par celui qui est poursuivi, soit par chacun des autres. Le défunt s'est engagé à procurer une servitude sur le fonds d'autrui. Chacun des cohéritiers peut s'arranger avec ce tiers de manière à obtenir la servitude convenue.

Le créancier a, pour exercer ses poursuites, le choix entre tous les cohéritiers. Mais comme l'héritier assigné, quoique débiteur du total, ne l'est pas *totaliter*, il a le droit de mettre en cause ses codébiteurs (art. 1225). L'effet de cette mise en cause est de faire diviser la condamnation, soit que l'obligation s'exécute selon sa teneur, soit qu'elle se transforme en dommages-intérêts. Ceux d'entre les cohéritiers qui seraient prêts à exécuter l'obligation, n'en seraient pas moins condamnés aux dommages-intérêts. Chacun d'eux était tenu à livrer la servitude, et il le pouvait séparément.

L'héritier poursuivi qui négligerait d'appeler ses cohéritiers, et demeurerait seul en cause, serait seul condamné à procurer le droit de servitude, ou à la totalité des dommages-intérêts. Il serait tenu dans cette circonstance *quasi ex facto proprio, et non tantum quasi hœres.* Ayant le droit de mettre en cause ses codébiteurs, n'a-t-il pas celui d'opposer les exceptions qui leur sont communes, avec celles qui lui sont personnelles, ou qui résultent de la nature de l'obligation (arg. *à fort.* 1208) ?

c. Ou elle est de nature à ne pouvoir l'être que par tous conjointement. Le défunt s'est engagé envers un tiers à lui accorder un droit de passage sur son héritage, par l'endroit qu'il lui indiquera. Tant que l'héritage restera indivis, le créancier devra actionner tous les héritiers, car chacun est propriétaire, et la désignation du lieu de passage leur appartient à tous. L. 2. *D. de servit.* 8, 1. Les héritiers qui refuseront leur consentement seront seuls condamnés aux dommages-intérêts, ceux qui ont accordé la demande n'étant pas en demeure ; ces derniers n'y contribueront même pas pour leur part.

3° Lorsque l'obligation consiste à ne point faire une chose indivisible, la contravention d'un seul des débiteurs, donne ouverture à l'action du créancier contre tous, et tous doivent être condamnés aux dommages-intérêts, avec cette différence cependant, que le contrevenant doit y être condamné pour le total, et les autres pour leur part héréditaire seulement, et encore sauf leur recours contre l'auteur de la contravention, *quia non tenetur tantum tanquam hæres, sed tanquam ipse et ex facto proprio.* En cela les obligations *in non faciendo* diffèrent des obligations *in faciendo.* La raison en est que c'est la demeure du débiteur qui dans celles-ci, donne lieu à l'action en dommages-intérêts, et le débiteur qui est prêt *quantum in se est,* n'étant pas en demeure, ne saurait en être passible. Dans celles-là, au contraire, l'action du créancier naît du fait même dont le débiteur a promis que lui et ses héritiers s'abstiendraient. Il suffit donc que l'un des héritiers contrevienne, pour que le créancier agisse contre tous. S'il en était autrement, il arriverait que, faute de connaître le contrevenant (cela arrivera souvent), le créancier n'aurait d'action contre personne; tandis que dans les obligations *in faciendo,* on sait toujours celui qui est en demeure, par l'assignation à lui donnée.

L'obligation de garantie est-elle indivisible dans ses effets? Je ne le pense pas. Ainsi, lorsque le vendeur laisse plusieurs héritiers, l'un d'eux, qui réclame sa propre chose vendue par le défunt, doit être accueilli dans sa demande, excepté pour la part dont il est héritier.

4° Tous les débiteurs d'une chose indivisible sont libérés par le payement fait par un seul d'entre eux, et s'il y a plusieurs créanciers, le débiteur a le choix de payer à l'un ou à l'autre, tant qu'il n'a pas été prévenu par les poursuites de l'un d'eux (arg. art. 1198).

5° La mise en demeure de l'un des débiteurs fait courir les intérêts contre tous (arg. art. 1207 et 2249).

6° L'interruption de la prescription opérée par l'un des créanciers ou l'un des héritiers et la suspension établie en faveur de l'un d'eux profite à tous les autres (arg. art. 709 et 710).

7° L'interruption de la prescription opérée contre un des débiteurs, un de leurs héritiers ou sa reconnaissance, conserve intégralement les droits du créancier contre tous (art. 2249, al. 2). Ces deux derniers effets sont des exceptions au principe que, *à personâ ad personam non fit interruptio nec activè nec passivè.*

L'art. 2249 s'applique-t-il aux obligations définies dans les art. 1217 et 1218, ou seulement à celles de l'art. 1217? Ces deux articles donnent également le nom d'indivisibles aux obligations dont ils s'occupent, et l'art. 2249 ne distinguant pas, il ne semble pas douteux qu'une disposition qui régit l'un doit s'appliquer à l'autre. Mais comme il est extrêmement difficile de séparer les obligations de l'art. 1218, de celles dont parle l'art. 1221, on se trompera facilement dans l'application de l'art. 2249.

8° Lorsque l'obligation primitive contractée avec une clause pénale est d'une chose indivisible, la peine est encourue par la contravention d'un seul des héritiers du débiteur, et elle peut être demandée, soit en totalité, contre celui qui a fait la contravention, soit contre chacun des cohéritiers pour leur part et portion, et hypothécairement pour le tout (c'est-à-dire que si un immeuble se trouve affecté par hypothèque à l'acquittement de la peine, celui des héritiers qui en est détenteur, peut, à cause de l'indivisibilité de l'hypothèque, être condamné à payer la peine entière, quoiqu'il ne soit pas l'auteur de la contravention), sauf leur recours contre celui qui a fait encourir la peine (art. 1232); car, dit Pothier, l'objet de l'obligation primitive étant indivisible, la contravention qui est faite par l'un des héritiers du débiteur à cette obligation, est une contravention à toute l'obligation. Elle doit, par conséquent, faire encourir toute la peine par tous ceux qui en sont tenus comme héritiers du débiteur qui s'est obligé à cette peine en cas de contravention.

Chacun de ceux des cohéritiers qui ont contrevenu, est tenu solidairement de la peine : *nec qui peccavit ex eo relevari debet quod peccati consortem habuit : multitudo peccantium non exonerat, sed potiùs aggravat.* Molin, p. 3, n° 148.

Quand le débiteur unique a contrevenu à l'égard de l'un des créanciers, la peine n'est encourue qu'envers ce créancier et pour sa part héréditaire seulement. L. 2, § 6, *D. de V. O.* 45, 1.

JUS ROMANUM.

DE OBLIGATIONIBUS DIVIDUIS ET INDIVIDUIS.

I. Stipulationum quædam in dando, quædam in faciendo consistunt, et harum omnium quædam partium præstationem recipiunt; quædam non recipiunt, ut in his quæ naturâ divisionem non admittunt. L. 1, § 1, *D. de V. O.* 45, 2.

II. Duo sunt divisionis genera : unum in partibus realiter divisis consistit, ut in nummis; alterum divisum solummodo in intellectu existit, ut putà, quum servum plures stipulantur. L. 9, § 1, *D. de solut.* 46, 3.

III. Onus et diminutio patrimonii debitoris, vel utilitas creditoris, obligationem dividuam vel individuam non efficit ; sed res immediatè in eam deducta.

IV. Stipulatorem et promissorem inter unicum, non dividitur stipulatio, sed solum inter plures vel inter hæredes qui pro hæreditariis partibus onera hæreditaria agnoscunt. L. 2, *C. de hæred., act.* 4, 16, et omnes defuncti personales actiones inter hæredes pro singulis portionibus scinduntur. L. 2. C. Si unus ex plur. 8, 32.

V. Hæc divisio originem a duodecim tabulis ducit, in quibus dicitur : nomina inter hæredes pro portionibus hæreditariis ercta cita sunto.

VI. Omnia non simili modo dividuntur. In illis quæ communi specie continentur, in numero dividitur obligatio. L. 29. *D. de solut. et lib.* 46, 3. Cùm species stipulamur, necesse est inter stipulantes et inter hæredes ita dividi stipulationem, ut partes corporum cuique debeantur. Quotiès autem genera stipulamur, numero fit inter eos divisio. L. 54, princip. *D. de V. O.* 45, 1.

VII. Operarum stipulatio similis est his stipulationibus in quibus genera comprehenduntur : et ideo, divisio ejus stipulationis, non in partes operarum, sed in numerum cedit. Quod si unam operam servus communis stipulatus fuerit : necesse est utrique dominorum partem operæ tantam quantam in servo habuerit, petere. L. 54, § 1, *D. de V. O.* 45, 1.

VIII. Omnibus in obligationibus quæ divisionem recipiunt, promissor quibusdam hæredum jubere æs alienum solvere non potest. Talis est inutilis stipulatio. L. 56, § 1. *D. de V. O.* 45, 1. Cœteri cohæredes pro parte nihilominùs tenentur; creditor pro parte in eos actionem habet, et minimè totam præstationem a cohærede designato petere potest. Nam quod spectat erga hunc hæredem, illa est stipulatio, res inter alios acta. Æs alienum ipso jure dividitur, mortuo promissore. Non plus valet stipulatio in hæredem quam alienam in personam. Hæc clausula solummodo in testamento valet, quum legitima portio salva manet; et etiam creditor solum hæredem judicio persequi non potest, sed omnes, quemque pro parte hæreditariâ. Hæres vero quem jussit testator integrum legatum solvere, cohæredes suos indemnes præstare cavebit; usque adeò divisio perfici necessiter videtur. L. 69, § 2, *D. de leg.* 30, 1.

IX. Non tamen dividitur solutio omnium rerum quæ divisionem recipiunt. Quum in obligatione intercedat pignus vel hypotheca, possessor obligatæ rei conveniendus est. L. 2. *C. de hæred. act.* 4, 16.

X. Quædam partis dationem naturâ recipiunt, sed nisi tota dentur, stipulationi satis non sit. Veluti cùm hominem generaliter stipulor. Ex illâ stipulatione et similibus, ne hæredes quidem pro parte sol-

6

vendo liberari possunt, quamdiù non eamdem rem omnes dederint.
L. 2, § 1 et 2, *D. de V. O.* 45, 1.

XI. Hæres ejus qui commodatum accepit vel rem certam debet,
pro eâ parte quâ hæres est, convenitur, nisi fortè habuerit totius rei
facultatem restituendæ, nec faciat; tunc enim condemnatur in solidum quia hoc boni judicis arbitrio convenit. L. 3, § 3, *D. de
Com.* 13, 6.

XII. Si tamen fundus ab omnibus hæredibus legatus sit, qui
unius hæredis esset, is cujus fundus esset, quamvis possessor sit, non
ampliùs quam partem suam præstabit; cœteri in reliquas partes
tenebuntur. L. 86, § 3, *D. de leg.* 30, 1.

XIII. In depositi actione, si ex facto defuncti agatur, adversus
unum ex pluribus hæredibus pro parte hæreditariâ agere debeo; si
vero ex suo delicto, pro parte non ago; nec adversus cohæredes
ejus, qui dolo carent, depositi actio competit. L. 9 et 10. *D. de
depos.* 16, 3. Idem est in commodato et quotiès de corpore certo
agatur. Si tamen duo hæredes corpus certum dolo interverterint,
quodam utique casu in partes tenebuntur, nisi alter uter solvendo
non sit. L. 22. *D. de depos.* 16, 3.

XIV. Si de eo cautum sit quod divisionem recipiat, hæres qui adversus eum fecerit, pro portione suâ solùm pœnam committit. L. 4,
§ 1, *D. de V. O.,* 45, 1. Si contrà, de eo cautum sit, ut res dividua
portionibus solvi non possit, omnes cohæredes pro portionibus
tenentur; sed a cohærede qui contrà fecit, satisfieri debet. L. 5, § 4,
D. de V. O., 45, 1.

XV. Res quædam pro parte peti, solvi autem nisi totam non potest : veluti cum stipulatus sum hominem incertum. Nam petitio
ejus scinditur; solvi vero nisi solidus non potest. Alioquin in diver-
sis hominibus rectè partes solventur; quod non potuit defunctus
facere, nec quod sipulatus sum, consequar. Idem juris est in alter-
nis obligationibus. L. 85, § 4, *D. de V. O.,* 45, 1.

XVI. Stipulationes non dividuntur earum rerum quæ divisionem non recipiunt ; veluti omnium servitutum. Idem puto, et si quis faciendum aliquid opus stipulatus sit. Si tamen quod fieri stipulemur non fuerit factum, pecuniam dari oportet ; ideo que etiam in hoc genere dividatur stipulatio. L. 72, *princip. D. de V. O.* 45, 1.

XVII. In illis obligationibus quæ divisionem non recipiunt, promissoris singuli hæredes in solidum tenentur. Sed quo casu unus ex hæredibus solidum præstiterit, repetitionem habebit a cohærede, familiæ erciscundæ judicio. L. 2, § 2, *D. de V. O.* 45, 1.

XVIII. Et idem in individuis, stipulatoris hæredes singuli in solidum habent actionem. L. 2, § 2, *D. de V. O.* 45, 1.

XIX. Rem totam solvendi vel exigendi ex qualitate rerum proveniens necessitas, in dividuo individuum si mutetur, pro parte hæreditariâ et creditorum et promissorum condemnationem fieri oportet. L. 25, § 9, *D. de famil. ercisc.* 10, 2.

XX. Aliquando totam rem peti necesse est, nec divisam præstari potest ; aliquando solida petenda est, licet in solutionem admittat divisionem. L. 85, *princip. D. de V. O.* 45, 1.

XXI. Individuis in obligationibus quæ in non faciendo consistunt, si debitoris unus ex pluribus hæredibus prohibuerit, tenentur et cohæredes ejus : sed familiæ erciscundæ repetent ab eo quod prestiterint.

XXII. Si unus ex pluribus hæredibus contra quod cautum sit, fecerit, pœnam omnes committunt, quùm de quo cautum est individuum sit. Sed cæteri familiæ erciscundæ judicio sarcient damnum. L. 4, § 1, *D. de V. O.* 45, 1.

XXIII. Contra verò, si stipulator decesserit qui stipulatus esset sibi hæredi que suo agere licere ; et unus ex hæredibus ejus prohibeatur, quum pœna adjecta sit, in solidum committetur ; sed qui non sunt prohibiti, doli mali exceptione summovebuntur. L. 2, § 6, *D. de V. O.,* 45, 1.

6.

CODE DE COMMERCE.

(Liv. 3, chap. 2, art. 451 à 454).

DE LA NOMINATION DU JUGE-COMMISSAIRE.

INTRODUCTION.

Rien de plus nuisible au commerce que les faillites ; elles affaiblissent, elles tuent le crédit. Le législateur a cherché par de sages dispositions à les prévenir ; s'il n'a pu les empêcher, il a pris toutes les mesures qu'il a cru nécessaires afin qu'elles produisent le moins de mal possible. Aux termes des art. 2092 et 2093 du Code civil, tous les biens du débiteur sont le gage commun de ses créanciers. Le débiteur près de sa ruine, est disposé à les soustraire, à se conserver quelques ressources. La loi l'en empêche, elle le dessaisit de tout ce qu'il possède, elle ne lui laisse rien entre les mains (art. 443, C. com.) D'un autre côté, les créanciers exposés à une perte certaine sont mécontents, prêts à employer les mesures les plus rigoureuses contre celui qui absorbe les sommes qu'ils lui avaient livrées avec confiance. En cherchant à rentrer dans leur fonds, ou à se faire donner des sûretés, ils auraient dissipé en frais de poursuite le peu d'avoir de leur débiteur; ils se seraient nui à eux-mêmes par excès de diligence. Voilà ce que la loi n'a pas voulu; plus prévoyante et plus sage qu'eux, elle centralise leurs intérêts, les réunit et fait de la faillite une personne morale (Cass., 23 mai 1827). Elle établit entre tous les créanciers non pas une société, mais une communauté d'intérêts.

Le débiteur est dessaisi de ses biens; ils ont besoin d'une autre administration. A qui la confier ? Naturellement aux intéressés, aux créanciers. Mais ordinairement ils sont absents, trop nombreux; ils ne géreraient pas convenablement. Le tribunal de commerce la confie alors à des mandataires qu'il choisit lui-même (art. 462). La loi agit ici en maître absolue; elle prive le propriétaire de l'administration de ses biens, elle l'enlève à ceux qui ont le plus d'intérêt à les conserver; au moins devait-elle donner à l'un comme aux autres toutes les garanties désirables d'une bonne gestion. Elle l'a fait en instituant au-dessus des syndics, une personne destinée à surveiller, à contrôler leurs actions, et qui, par sa position, est à même de rassurer tous les intéressés. Par plus de prévoyance, elle s'occupe au plus tôt de sa nomination, elle la fait prononcer en même temps que celles des mandataires. Elle exige que jamais ces derniers ne soient abandonnés à eux-mêmes; elle veut que dès leur entrée en fonctions ils aient un surveillant, et que la régularité préside aux opérations de la faillite, depuis la première jusqu'à la dernière. Ce surveillant est le juge-commissaire. Ce magistrat est la base de la faillite : de lui dépend une bonne ou mauvaise administration. Cependant à qui confie-t-on une place d'une si haute importance ? à un membre du tribunal de commerce; à un homme dont les fonctions sont gratuites et qu'il doit facilement négliger lorsque son propre intérêt l'appelle ailleurs; à un commerçant enfin, qui rarement connaîtra la loi qu'il est appelé à faire exécuter ! Aussi voit-on le plus souvent cette surveillance n'exister que dans la forme, et les faillites se traîner en longueur. Si un ministère public salarié, présente de graves inconvénients, je crois qu'il remplacerait pourtant avec avantage ce délégué du tribunal. Quoi qu'il en soit, les fonctions du juge-commissaire ont été considérablement augmentées par la loi du 28 mai 1838. Est-ce un bien, est-ce un mal? L'expérience nous l'apprendra.

La rubrique du chapitre II que j'ai à exposer, est incomplète. Les art. 451 à 454 s'occupent d'autre chose que de la nomination du juge-commissaire ; ils contiennent des dispositions relatives à ses fonctions et même à son remplacement. Pour éviter la confusion, je ferai de ces articles l'objet de trois chapitres différents. Dans le premier je traiterai de la nomination du juge-commissaire, dans le second de ses fonctions, dans le troisième de son remplacement.

CHAPITRE PREMIER.

DE LA NOMINATION DU JUGE-COMMISSAIRE.

Le jugement déclaratif de la faillite, emporte de plein droit, à partir de sa date, dessaisissement pour le failli de l'administration de ses biens (art. 443 . Il est urgent qu'une autre administration soit à l'instant substituée à la sienne, et que l'autorité appelée à la contrôler soit instituée. Aussi l'est-elle par le jugement même qui déclare la faillite (art. 451). Outre l'urgence, cette disposition a encore pour but d'éviter les frais d'un second jugement. Ce jugement n'est susceptible d'aucune voie de recours (art. 583). Comme la déclaration de la faillite est prononcée par le tribunal de commerce, c'est à lui qu'appartient la nomination du juge-commissaire. Il le choisit parmi tous ses membres, juges titulaires ou juges suppléants ; la plus grande latitude lui est accordée.

Un juge suppléant qui n'aurait pas concouru au jugement déclaratif de la faillite, pourrait même être nommé juge-commissaire. La loi n'exige pas qu'il y ait pris part ; il suffit qu'il ait le titre de juge. Mais le jugement ne conférerait aucun pouvoir à celui qui ne l'au-

rait pas. Le commissaire doit être choisi dans le tribunal. On a
voulu par là éviter les curateurs en tt re , dont la gestion serait
dangereuse au milieu des désordres qui ont précédé et qui accom-
pagnent une déclaration de faillite.

CHAPITRE II.

DES FONCTIONS DU JUGE-COMMISSAIRE.

Le juge-commissaire entre en fonction à l'instant de sa nomination. Il n'administre pas, il n'agit pas; sa dignité s'oppose à ce qu'il
fasse rien qui puisse engager sa responsabilité. Il ne représente point
les créanciers , il surveille seulement , il stimule le zèle des syndics,
et cherche à empêcher les retards. Le désir de la loi de voir mar-
cher les faillites avec rapidité, se rencontre dans toutes ses dispositions ; c'est par là qu'elle débute en parlant du juge-commissaire
(art. 452).

Le commissaire fait au tribunal de commerce le rapport de toutes
les contestations que la faillite fait naître (art. 452). Il a suivi avec at-
tention la marche de la faillite; tout se passe devant lui, il doit en
saisir l'ensemble, connaître la nature des contestations; des titres ,
des faits qui les soulèvent. Rien de mieux que le tribunal soit
éclairé par le rapport de son délégué. Ce rapport est une formalité
substantielle , et tout jugement où le commissaire n'aurait pas été
entendu, serait entaché d'un vice radical. Si le rapport ne contient
pas les éclaircisssements désirables , le commissaire les donnera de
vive voix, car rien ne l'empêche de prendre part aux jugements ;
ses fonctions de rapporteur ne sont point incompatibles avec celles
de juge (Rouen, 16 février 1829). Bien plus, il a voix délibérative
quand même par la division du tribunal en plusieurs chambres , il
appartiendrait à une autre que celle qui doit prononcer sur la contestation.

L'art. 452, après avoir indiqué avec concision les fonctions du juge-commissaire, et dit qu'il est chargé de faire au tribunal le rapport de toutes les contestations que la faillite pourra faire naître, ajoute : *et qui seront de la compétence de ce tribunal.* Cette phrase me paraît inutile. Que signifie-t-elle ? que le commissaire ne devra pas faire au tribunal le rapport des affaires dont ce dernier ne doit pas connaître. Cela s'entendait de soi-même. Pourquoi initier le tribunal de commerce dans des contestations sur lesquelles il ne statue pas ? Il est superflu d'ajouter que dans ces affaires le juge-commissaire n'a point de rapport à faire aux autres tribunaux ; à leur égard, il n'a pas cette mission.

Le juge-commissaire est appelé par fois à rendre seul des décisions ; il les rend par voie d'ordonnance. Ainsi tantôt il statuera, tantôt ce sera le tribunal. On portera au commissaire les contestations qui requièrent célérité, qui s'élèvent sur des détails ; au tribunal les difficultés graves, peu urgentes. Les ordonnances étant de véritables jugements, doivent être revêtues de la forme exécutoire, et pour être valables, il faut qu'elles soient rendues sur des difficultés nées de la faillite. Ainsi, par exemple, le commissaire n'a aucun caractère pour faire une instruction judiciaire ; il ne peut sans excès de pouvoir rechercher chez des particuliers des marchandises et effets du failli, prétendus récelés par eux, conduire le failli en prison. (Cass , 13 novembre 1823).

Doit-on admettre un recours contre ces ordonnances ? L'ancienne loi était muette sur ce point ; cependant une jurisprudence uniforme ne l'admettait que dans les cas expressément prévus. Le législateur de 1838 est venu régulariser cette jurisprudence : il a fait entre les ordonnances une distinction fondée sur le plus ou le moins d'importance des objets sur lesquels elles statuent. Les unes sont en dernier ressort, les autres sujettes à recours. Mais ce recours n'existe pas de plein droit ; les cas dans lesquels il est admis doivent être expressément prévus ; hors de là il n'est point recevable. Au surplus, ces ordonnances même en premier ressort sont exécutoires par provision (art. 466).

Quand le recours est admis, il est porté devant le tribunal dont le juge-commissaire fait partie ; il est une voie exceptionnelle qui n'a rien de commun avec les voies ordinaires de pourvoi. L'art. 474 commet donc une erreur en le qualifiant d'appel ; de pareilles ordonnances ne sont pas assimilées à celles de référé. Le juge-commissaire est regardé comme formant un degré de juridiction, et les jugements du tribunal de commerce qui statuent sur le recours formé contre ses ordonnances rendues dans les limites de ses attributions, sont en dernier ressort (art. 583).

Lorsque le tribunal est appelé à réformer les ordonnances du juge-commissaire, ce magistrat peut-il prendre part au jugement et faire le rapport qui doit précéder le jugement? Sans doute, le rapport est nécessaire puisqu'il est fait sur une contestation occasionnée par la faillite. La participation au jugement n'est interdite par aucun texte de loi.

Toute partie intéressée est admise à se pourvoir. La loi ne trace pas la forme du recours. Je crois qu'il est inutile de s'adresser au président par requête ; ce serait occasionner des frais et des lenteurs inutiles. Il suffit d'assigner directement la partie adverse.

Dans quel délai doit-on se pourvoir? Le Code ne le dit pas. Je pense qu'on peut le faire jusqu'à l'exécution de l'ordonnance ; cette exécution équivaut à une ratification. Toutefois j'admettrais cette modification qu'il faut que l'exécution ait été connue de la partie condamnée, car il ne peut y avoir d'acquiescement quand on ignore la décision (arg. des art. 158 et 159 du Cod. de procéd. civ.)

CHAPITRE III.

DU REMPLACEMNT DU JUGE-COMMISSAIRE.

L'art. 454 entièrement nouveau ; il comble une lacune à laquelle

7

avait suppléé la jurisprudence. Les fonctions du juge-commissaire sont permanentes, elles durent pendant toute la faillite. Dans une faillite de longue durée, il se présente une foule de circonstances où le remplacement du commissaire devient nécessaire. Le tribunal de commerce est chargé de l'opérer, il peut le faire à toute époque (art. 454). La loi s'arrête là à dessein ; dans la crainte d'en oublier quelques-unes, elle n'indique pas les causes qui provoqueront ce remplacement. L'appréciation en est laissée au tribunal. La mort, l'absence, l'interdiction, une maladie, des affaires graves, des abus, une mauvaise surveillance, etc., en sont de suffisantes.

La loi gardant le silence sur la manière dont ce remplacement doit être provoqué, on en conclut qu'il peut être fait, soit d'office par le tribunal, soit sur la demande des parties intéressées, des syndics, du juge-commissaire lui-même. Un autre membre du tribunal est nommé à sa place.

FIN.

www.ingramcontent.com/pod-product-compliance
Lightning Source LLC
Chambersburg PA
CBHW050549210326
41520CB00012B/2778